PEDRO SÁNCHEZ SANZ

ABISSAIS

Título: ABISSAIS
Autor: PEDRO SÁNCHEZ SANZ

Editorial: WANCEULEN EDITORIAL
Sello Editorial: WANCEULEN POÉTICA

Tradução Portuguesa: Manuel Neto Dos Santos

ISBN Papel: 978-84-18262-30-2
ISBN Ebook: 978-84-18262-31-9

Depósito Legal: SE 517-2020

Impresso em Espanha. 2020.
WANCEULEN S.L.C/ Cristo del Desamparo y Abandono, 56 - 41006 Sevilla
Webs: www.wanceuleneditorial.com y www.wanceulen.com
Email: info@wanceuleneditorial.com

"ABISSAIS"; DO AMNIÓTICO SILÊNCIO
na poesia de Pedro Sánchez Sanz

O silêncio é a casa do poema. Retenho o fôlego para me atirar à leitura poética e mergulho até ao fundo do oceano embrionário dos versos de Pedro Sánchez Sanz. Eis o livro. O corpo aquoso das inconscientes palavras, videntes de si mesmas, no gesto primário e urgente de amar. A mar se nos apresenta esta recusa da morte. Tudo na intimista reclusão de viver por inteiro e por inteiro um poeta que se questiona sobre os verbos "ser" e "estar".

Dilato, ao máximo, o diafragma do sonho para, de corpo estirado, me lançar aos precipícios; pátria de todos os seres abissais. Afundo-me, falo, escrevo e os versos são pálpebras que se descerram perante a salinidade das horas e dos dias.

Em "ABISSAIS", Pedro Sánchez Sanz convida-nos para o naufrágio dentro de nós mesmos, viagem ao lugar onde repousam os destroços das memórias. Por tudo o que a vida nos impõe "olhos camuflados por detrás do brilho denso e pavoroso das profundezas". Estamos perante um discorrer fluído de uma voz poética que nos leva em "queda livre até ao fundo salino da luz" como se os espelhos das nossas próprias penumbras nos revelassem o verdadeiro "ser". Aí, nas fossas abissais por onde as ocultas vozes ondeiam inadvertidas, rangem as placas tectónicas da memória, no encavalgamento do passado e do futuro; um que se afunda e o outro que emerge para saudar o distante "fulgor do lusco-fusco".

A metáfora, neste livro de poemas, tem a expressão pura e depurada pela forma telegráfica das imagens; nada existe de exagero: "a dor é um falcão que ao levantar (voo) nos faz pequenos". Eis a síntese visual como recurso comedido, para que se crie em nós a reverberação dos possíveis significados. Descemos ao âmago do que somos, ao "corpo ferido da memória", pelos abismos marinhos ou pela terra onde o poeta celebra o rito sagrado da escrita.

Na presente obra, PSS é narrador da sua/nossa viagem rumo às feridas, ainda por cicatrizar. Prossegue essa busca, "esse ser invisível, que habita o nosso corpo"... evocando o acto de escrever como sendo "o caminho da redenção e dos sacrifícios", através da intrínseca batalha do auto-conhecimento. Veja-se, pois, o poema O EMISSÁRIO para que se ateste a desenvoltura da limpidez frásica, a modulação tímbrica dos versos despidos de fúteis recursos expressivos atingindo, deste modo, o pleno registo da coloquialidade. No acto do fazer poético, há que trespassar o "muro do silêncio", tal como rasgamos a epiderme das águas e nos afoitamos, medrosamente corajosos, rumo às inseguranças e terrores que nos edificam; livro de um passado e presente-futuro. É pela escrita que PSS alavanca a rigidez dos dias e recria "um raio de luz na escuridão do oceano". Consideremos pois, a meu ver, o poema basilar de toda a obra, a pedra de toque; eivado de um lirismo nostálgico, numa plena lucidez.

"MARINHEIRO EM TERRA" de que destaco a seguinte passagem: "apesar disso, teima em enfrentar o desafio da teimosa maré com os lábios apertados e rugas no contorno dos seus olhos. Na sua atitude vai-nos revelando que, apesar da troça dos estivadores, talvez tenha sobrevivido a uns quantos naufrágios" para logo no poema seguinte se descrever como poeta: "(...) as palavras começaram a inundá-los, a provocar micoses nos seus cérebros de papel e tinta, doentios como mineiros que escavam para extrair blocos de áureo sentido do profundo abismo. Tudo para chegar à mesmíssima dúvida: se o vocábulo tem corpo e alma, e sobretudo se possui poder para mudar a realidade".

Estou certo que assim é, como o prova este livro de Pedro Sánchez Sanz que resgata despojos do bojo amniótico do silêncio e trá-los até à superfície dos sonhos; em forma de poesia cristalina.

Manuel Neto dos Santos
Monte Boi, 14 de maio de 2017

Há seres feitos de nada, praticamente água com alma de néon, que brilham no escuro, que refulgem nas profundidades com luz própria, aterradores e formosos como nós mesmos numa sala de espelhos, que vivem em sonhos submarinos e anseiam subir à superfície, que lhes é hostil. Às vezes recebem cargas de profundidade que conseguem agitá-los, então estralejam fogos-de-artifício por debaixo da cúpula do oceano, estilhaços de poesia inundando-o todo.

John Saint John

IMERSÃO

Quem canta o mar canta o fastio,

canta o génio sonolento das águas,

o amplo pulso negro e ajustável sobre o qual

nos balouçamos com a ligeireza das flores.

Juan Gil-Albert

INCONSCIENTES

- 15 -

Os macacos não têm consciência da morte. As fêmeas apertam nos braços as suas crias mortas, como se fossem bonecas de pano. Permanecem surpreendidas por não se mexerem e tentam dar-lhes de mamar, sem êxito algum.

Para elas não fez películas Bergman, Tolstoi não expôs os seus pecados capitais nem compôs Mozart o seu réquiem mais sentido.

Na história da evolução representam a idade da inocência, estar e não estar. Seres sonâmbulos entre dois precipícios.

SERES ABISSAIS

Do pensamento eléctrico, da acção plena de mudança, eis do que falo quando escrevo sobre os olhos camuflados por detrás do brilho denso e pavoroso das profundezas.

Falo, igualmente, de um mundo remoto e desconhecido, feroz como canto primitivo, que construíra asas de assombro em cada pálpebra.

Espelho de penumbras, descendo ao submundo como fuga para diante, queda livre até ao fundo salino da luz.

Quando escrevo na vertical, grito, canto, rezo, falo talvez do poeta doentio, do monstro dos sonhos, do menino autista, da medusa angelical, se calhar saro a ferida milenária dessas ocultas vozes que vogam inadvertidas em paraísos abissais sem jamais encontrar o consolo dos deuses.

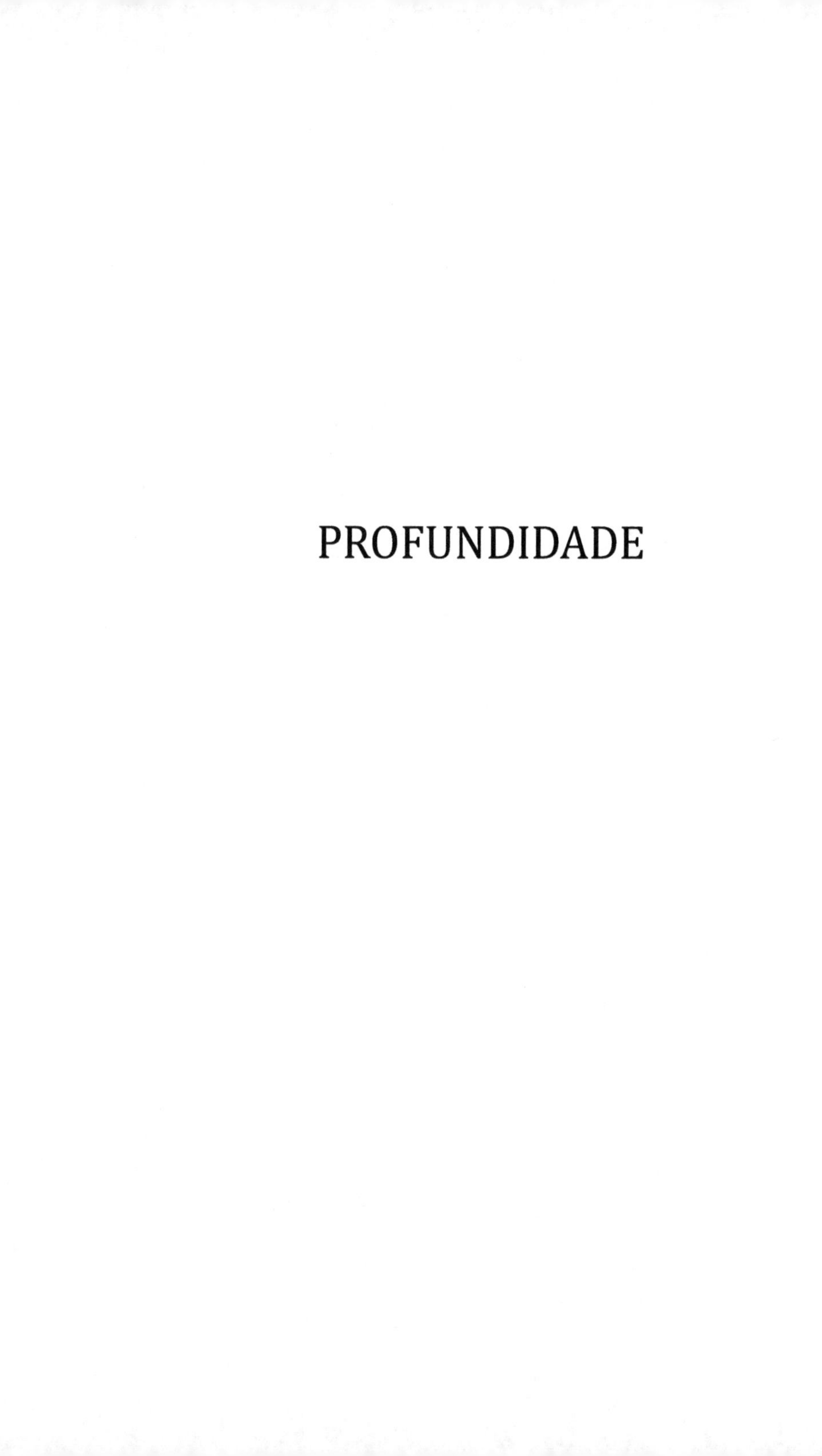

PROFUNDIDADE

Partir desde o fundo do mar
até dentro da cratera
onde perde o seu nome todo o espanto
e é temida a ausência.

Onofre Rojano

A DURA BATALHA

- 21 -

Pelas ruas vazias, deambulas coberto pela capa do silêncio amigo. De esquecimento são os teus passos e de álcool a tua vitória. Sobrevives à madrugada como o extinto habitante da quimera. Esvai-se a noite submissa.

No aconchego do leito, nos teus sonhos almejas sossegado o distante fulgor do lusco-fusco, fogueira que já queima a retina convertendo a esperança em faúlhas. Como um guerreiro invencível chega a luz; eis a noite derrotada.

O REI DA DOR

A dor é um falcão que ao levantar-se nos faz pequenos. A partir do seu zénito julga-nos com visão de pássaro antes de se lançar, bumerango afiado, uma vez mais sobre o nosso assombro. E arranha os punhos lançando-nos ao ouvido o seu agudíssimo grito de animal superior.

Enfrentamos a dor contra um espelho de turvo desengano que nos devolve um feroz telegrama: eis o prazer disfarce de carnaval, sobre o corpo ferido da memória. Já o disse Ungaretti *a recordação, um inútil infinito.*

A dor é um inválido que se mostra nas praças a abarrotar de gente e exige o seu tributo, que entregamos como vinho sagrado confiando ao ensurdecer essa voz brada de tão longe, de tão perto.

CREDENCIAIS DO LOUCO

*Como um fio ou agulha que quase não sentimos
como um débil cristal ferido pelo fogo*

L.M.Panero

Toda a loucura do mundo cabe nas mãos
levo-a nas algibeiras como as chaves de casa
estala debaixo dos meus pés como folhas
outonais ao atravessar parques sem saída
desenho plumas com o grafiti da minha
demência porque o meu corpo é pesado e a
terra arrasta-me para os seus abismos os
meus olhos apenas vêem o que vêem nuvens
em forma de passado e anel futuro algazarra
multicolorida de sombras os outros olhos
nem sequer vêem que o tempo voraz à minha
frente se espreguiça planta carnívora que
cresce sem descanso com o meu sangue
murcho pinto o meu autorretrato sem
cabeça e o coração é uma língua húmida que
quer compor odes perfeitas com apenas três
palabras:

cálice, epifania, parasceve*
e um rito de tambor que clama pelo luar.

*(preparação para o rito sagrado)

HERPES ZÓSTER

Imaginai um Aquiles exausto após a luta sentado à beira de um regato, lança e escudo pousados sobre a rocha, desata as caneleiras e liberta os seus pés do calçado cheio de sangue. Então indefeso, e derramada toda a sua energia em tantos golpes certeiros, arrasta-se a cobra maliciosa mordendo o débil calcanhar do guerreiro. Já a força no veneno diluída se desvanece e o herói cede, o homem perdeu a ajuda divina e consome-se na febril miséria dos corpos; debilidade, ser vítima.

Imaginai agora uma manhã de vento cruel dói-lhes o coração na garganta depois de uma batalha perdida contra noite selvagem. Sentados à borda da cama, passeais o olhar pelos restos do campo minado. Uma pontada na ferida anunciam-lhes que um ser invisível, que habita no vosso corpo, está perfurando os nervos enfraquecidos como um conquistador de novas terras. A carne frágil, vulnerável a alma, aceitais a derrota e a condição de reféns, mudos contra almofada.

FÉ

Eles já o compreenderam. Pedra a pedra ergueram-lhes altares; a serpente emplumada ensinava o caminho da redenção e dos sacrifícios.

O ocaso acaricia o dorso da Esfinge como promessa renovada de amor. Em panteões reais esperam a repentina ressurreição da luz.

Contrai-se expande-se essa estrela, um músculo de ira, fúria de quinze milhões de graus. Um coração isento num corpo invisível e infinito.

Acreditamos que nunca se apagará, que sempre regará as noites para que floresçam os dias mas sempre tem princípio e fim.

A fé cegou de tanto sol nos olhos disformes dos ciclopes e na conspurcada razão do veludo que adorna os seus anéis.

O EMISSÁRIO

Wanax, deixei a serenidade da mina aldeia seguindo o ditado do meu destino. Remei os dias para te suplicar, escuta pois o meu rogo.

Concede-me um bastão para marcar o ritmo das tuas sonoras vitórias nos meus cantos de trovador. Atribui-me uma embaixada e adorna as minhas falanges com o régio selo, para que eu rubrique com a minha pena a titânica força dos teus guerreiros. Tapa-me com um manto de virgínea lã; os invernos de uma guerra são, quase sempre, terrivelmente frios.

Permite-me que apanhe as ondas e as ilhas, vassalos do teu reino, narrarei a tua epopeia e as tuas façanhas e escreverei na pele de um vitelo não nascido. Ponho a minha vida ao teu serviço. Tomarei o risco ao roçar da lança ao fio cortante da espada, ao grito feroz da baioneta. Esperar-me-á a queimadura da bala certeira, tal como John Ford terá um olho vazado ao filmar a defesa da Ilha de Midway.

Quero eriçar o pelo dos homens, encolher o coração das damas, despertar o valor dos rapazes. A minha missão será retratar a dura verdade da batalha, o medo nas trincheiras, os bélicos obituários salpicados de barro e sangue.

Transcenderei o tempo e o espaço para eternizar o teu nome.

(Contar-te-ei um segredo, Wanax. O meu nome quer dizer "o emissário"). Não podes negar-me o que está escrito. Serei o cantor da tua glória ou nada serei.

Nota: *Wanax*, antigo nome micénico, no contexto homérico, para designar o soberano, respeito ao qual outros súbditos parecem estar em relação de vassalagem.

HOMEM-OBJECTO

O nada empurrou-me para esta passarela sem decoro, fazendo equilíbrios entre a roda da fortuna e a roleta russa, exposto às carícias da sorte, lubrificantes e caprichosas. Olho-me ao espelho e vejo carne, sorriso sedutor ao alcance de quem quer que seja mais forte, que se suponha inviolável. Sou talvez sangue e osso para a maquinaria do desejo. Deixo-me avassalar por esta vida pois já não me resta outra defesa que entregar-me para me manter de pé. Deixo-me acariciar pelos dias em sossego pois sei que chegará o castigo; um golpe a conta-gotas que me lembrará a minha condição de objecto à mercê do vai-vem das noites passadas a sós, ainda que cante despido sentado na janela e apesar da minha voz de lingerie.

ISCARIOTE

As tuas entranhas suplicavam perante o muro do silêncio de dentro do teu corpo corrompido pela morte, não soubeste ver os sinais e perdeste-te num beijo de flores corrosivas suspenso como um galgo que já não serve para a caça, inspiraste muitos covardes, vítima nas mãos de um criminoso destino, apenas alguns compreenderam a porcaria, a ironia da farsa.

Quem te seduziu enganando com promessas de mulheres de salão para saciar com as tuas mãos despidas ao búfalo furioso das nuvens?

Que boca sussurrou veneno aos teus ouvidos?

Tu que apenas almejavas a plena amizade e questionaste os partilhados prazeres na densidade nocturna estremecida?

Traidor ou atraiçoado?

Joguete nas mãos de incontrolável poder, como um pêndulo de raiva golpeias o tempo que já não te resta, tingindo com saliva um sudário de asas queres ser relembrado como esse amor oculto que não soube fluir como um rio cristalino, já não te importa o grito dos homens angustia-te apenas teres entregado a pureza.

LUZ NA TREVA DO OCEANO

- 30 -

A mão benévola do mar na Primavera salvou-te de acabares por ser um corpo sem destino. Pisar a margem, beijar a terra para lhe dar graças para continuar a ser um corpo que estremece, dorido, humilhado pela incerteza; um raio de luz na escuridão do oceano.

À tua frente um mundo refulgente contador a zeros, imprecisa paisagem, estranha canção, espaços fechados e aromas que não povoam a tua memória. Pensas que talvez tenha empurrado as tuas velas um vento enganado, mas o mar nas tuas costas é já uma enorme muralha de suor dissolvido no sangue. Lançaste os dados, velha roleta russa sem saber se o futuro tem reservado um abraço para ti.

MARINHEIRO EM TERRA

- 31 -

Sempre pontual, tarde após tarde no cais continua o seu corpo ancorado, rosto fitando o horizonte, de costas viradas para as casas. Apesar do seu traje de nós e tatuagens, não no reconhecem os marinheiros como sendo um dos seus; o mar é um acessório nos seus olhos, não tem nas suas mãos crostas de escamas os seus mapas de salão nunca o levaram a qualquer parte.

Apesar disso, teima enfrentar o desafio da teimosa maré com os lábios apertados e rugas no contorno dos seus olhos. Na sua atitude vai-nos revelando que apesar da troça dos estivadores, talvez tenha sobrevivido a uns quantos naufrágios.

FERIDOS DE LETRAS

- 32 -

Quando crianças liam debaixo dos lençóis à luz da inocência o impossível relato das suas vidas futuras. Depois abocanharam um poema como um pedaço de pão ou o peito inicial de uma noiva ainda moçoila. As palavras começam a inundá-lo a provocar micoses nos seus cérebros de papel e tinta, doentios como mineiros que escavam para extrair blocos de áureo sentido do profundo abismo. Tudo para chegar à mesmíssima dúvida: se o vocábulo tem corpo e alma, e sobretudo se possui poder para mudar a realidade. Uma vida de labirinto e de fumo para acabar lamentado a sua sorte. Tal como Bonald confessou: *o meu erro foi ter aberto um dia um livro.*

NEMO

Porque o mundo era vil e insuficiente, sucumbiste às tuas visões de mergulhador: templos consagrados às forças do mar, estátuas de coral eternizado, melodias de orquestra submarina.

Um oculto paraíso na cega escuridão do oceano, nuvens de plâncton, aladas medusas; mitologia do abismo.

Eram os peixes os teus iguais que na verdade não sabiam respirar. Odeio e amo eis o lema gravado nos teus olhos.

Lançaste-te ao caos furioso do polvo gigante, encenação de um inútil sacrifício para encetar um novo ciclo: gota de água, sémen do futuro, imaculada infinidade.

Não és ninguém, foste tudo. À procura do jardim que sempre floresce, exploraste léguas de líquido amniótico.

No fim, como todos, sedimento no fundo, abandonar-se à corrente letal, como uma criatura de transparências debaixo de uma cúpula de vazio e de silêncio. Regressar para não ser nada, nada mais que um grito afogado que atravessa as leis abissais. Porque aqui ninguém é mais do que ninguém.

A BOÉMIA

- 34 -

Às vezes sonhavam com uma glória antiga, excelsa e pavorosa, como um lagarto sonha com o dinossáurio e o seixo cinzento com o meteorito.

Alimentam-se apenas de intemporal vontade com olhos eriçados e a distância colada ao sangue.

Eram heraldos de uma verdade suicida, cada verso era oferenda sagrada, cada noite de excesso uma vitória, todos os poentes um grito, toda a vida um voo.

Por detrás deles a luz adornava as esquinas com orgulho de pai benevolente e passo a passo consumiam-se com alma ao vento pois sempre os aguardava o amor na outra margem.

A PORTA

O umbral sempre espera. Por vezes inadvertido, receado às vezes, quase sempre desejado. Árdua tarefa a de rasgar a nuvem do tempo, conduzir a bolha do espaço ao nosso capricho. A porta escondida no mercúrio dos espelhos, no canto do melro na luz primordial, na pele incendiada dos livros.

Antes de regressar tentará vislumbrar se se erguem altares a um deus da palavra, se há nos seus calendários dias para uma divindade do silêncio. Um segundo antes de regressar despedir-se-á dessa evanescente visão e trespassará a porta sagrada com pulso seguro mas aliviado.

Às vezes conduz-se pelo mundo que aguarda no outro lado como um cego que relembra o seu nome no passo firme da sua quimera.

RENASCIDOS

Para Domingo Faílde

O medo à tormenta não os toca. Não a chuva. Nem o ar que a seca. Agasalhados caminham em dor íntima, de ligeira bagagem, nas algibeiras da vida dois ou três poemas e um canto generoso. Vão procurando o seu lugar no mundo, paraíso que regressa num verso de boa sorte, o céu que refulge à sombra de uma silindra. As máscaras descansam em cómodas vitrinas, amáveis vestígios do coração vencido. Este coração já não precisa delas. Tudo está por fazer nesta alvorada, assomar por cima dos muros despidos de tempestade, a palavra renascida, rubro palpitar apenas numa voz, que procura por detrás da acutilante espada do silêncio.

Regressam, sempre voltam a aliviar os nossos profundos temores, elevam-se da página mais viva a suster com a sua delicadeza a alma, ou razões de amores.

AO POETA DESCONHECIDO

- 37 -

Desconhecemos o lugar preciso da sua sepultura, tal como sempre se ignorou o exacto pulsar da sua vida maltratada. Um nome haverá (como ouvir cair a chuva) talvez uma data (os números de uma aposta sem prémio) na pedra lavrada, e em maiúsculas a sua sina. Poeta, com a mesma dignidade de quem diz banqueiro ou anarquista.

Quando passarem diante do seu túmulo sem o saber, ninguém deterá o seu passo para debulhar uma oração ou ensartar algum dos seus versos. Chorarão a terra ressequida na sua rota de pássaros atordoados sem rumo, e o seu imperceptível pulsar rugirá, ignorado, como o magma do planeta.

STRIGOI

A imortalidade - que ironia! - é a tua condenação.

Agachado na noite, sujeitas a tua vontade desenfreada de mártir e de assassino, esperando o momento preciso de saciar a sede milenar, a raiva inextinguível.

Piela de lua no coração, tremor de sangue raptado pelas veias.

Tentas apagar os rastos da tua lenda afogando os teus soluços de titã mutilado na bruma do imaginável. Inútil. Tudo regressa.

Mas tu viste o horror nos olhos, reflexo do teu pavor do vazio.

E almejas que os teus próprios lobos te despedacem.

AUTODESTRUIÇÃO/AUTOLIBERTAÇÃO

..e o derradeiro segundo se fiz interminável

Sylvia Plath Gérard de Nerval Ángel Ganivet Justo Alejo GeorgTrakl Gabriel Ferrater Alfonsina Storni von Kleist Cesare Pavese Leopoldo Lugones Jose Antonio Ramos Sucre Mário de Sá Carneiro Vladimir Maiakovski

Cocaína no coração veneno de rato nas veias enforcado no beco com o chapéu na cabeça obsecado duas vezes lançou-se ao rio perfurou o peito da sua amada e a sua própria têmpora cicuta maçónica para uma sexta-feira ventosa era o revólver um apêndice na sua mão encheu de estricnina um quarto de hotel o mar líquido sudário ligeiro mausoléu dezasseis frascos de soníferos em Turim abriu o gaze pôs a cabeça no forno depois de preparar o pequeno-almoço para os filhos barbitúricos para dois e o saco de plástico na cabeça atira-se até ao vazio saltando de uma janela do Ministério do Ar derradeiro e íntimo acto de libertação...

SUPERFÍCIE

Com um leito enorme e uma porta
pequena atirei um eco ao abissal para me
ver quando acordo todas as manhãs.

Odiseas Elitis

RESISTÊNCIA

Nas suas mãos entrelaçadas um guarda-chuva vermelho rasgado, enferrujado, aguentando aos maus tratos do aguaceiro.

Cansada resignação perante a cortina de ferro da chuva sem misericórdia que barre a sua memória?

Pode ser ousadia de menino irresponsável que não compreende que o mundo continua a ser mais forte e esconde surpresas?

Teimosia de animal ferido que com três patas se arrasta para se distanciar desse hostil território?

Continua aguardando imóvel debaixo da torrente, olhando as portas. Quem sabe se não se abrem e o convidam a entrar.

DE PÉ

Limpa os mortos dos teus sapatos e volta a caminhar, o sol ainda aquece e tem uma dívida com o teu destino. Rasga o silêncio da larga estrada que te conduz ao clarão, esperam-te luas novas adornando o horizonte de neblinas. Parte o selo secreto que contém a velha profecia, bendiz a palavra que é a chave dos teus olhos antigos e a tua língua repita, como num exorcismo, a música dourada que te salva de te afundares nas areias.

OTROS TÍTULOS DE LA COLECCIÓN

VIAGEM

KÁLIMMA

OXYS

SAFRA

Á ESQUINA DO OLHAR

PULSAÇÕES

CADERNOS DE LISBOA

FLUIR

CANCIONES A PIE DE CAMA

SOBRAS

RETAZOS

HUELLAS

ENSAMBLAR

LA ANDALUCÍA QUE EN ESTOS VERSOS
CLAMA

VIAGEM

De Manuel Neto Dos Santos

WANCEULEN EDITORIAL
WANCEULEN POÉTICA

ISBN (PAPEL): 978-84-9823-982-9
ISBN (EBOOK): 978-84-9823-983-6

268 páginas y 14 X 21,6

Extenso poema, composto de 228 estrofes, no qual se expressa o parnasianismo meridional. Numa arquitectura de rigor formal a rima surge, por vezes, em lugares versatórios inesperados, imprimindo à "narrativa" uma deambulação de encadeamento melódico. Neste tributo a Vicente Aleixandre, a poesia é diurna e luminosa a que o ritmo binário da cesura imprime a cadência de "oratória.

KÀLIMMA

De Manuel Neto Dos Santos

WANCEULEN EDITORIAL
WANCEULEN POÉTICA

ISBN (PAPEL): 978-84-9823-980-5
ISBN (EBOOK): 978-84-9823-981-2

122 páginas y 14 X 21,6

De novo, o cântico morno do deserto modelando o corpo das palavras; versos sincopados, na nudez mediterrânica da luz...ao Sul.

OXÝS

De Manuel Neto Dos Santos

WANCEULEN EDITORIAL
WANCEULEN POÉTICA

ISBN (PAPEL): 978-84-9823-978-2
ISBN (EBOOK): 978-84-9823-979-9

44 páginas y 14 X 21,6

Num singelo caderno de 76 breves poemas; todo o "desassossego" de uma alma em busca de si mesma.

SAFRA

De Manuel Neto Dos Santos

WANCEULEN EDITORIAL
WANCEULEN POÉTICA

ISBN (PAPEL): 978-84-9823-976-8
ISBN (EBOOK): 978-84-9823-977-5

286 páginas y 14 X 21,6

Obra poética polifónica, que apresenta o desdobramento rítmico numa amplitude de múltiplos universos emotivos.

À ESQUINA DO OLHAR

De Josefa de Lima

WANCEULEN EDITORIAL
WANCEULEN POÉTICA

ISBN (PAPEL): 978-84-9823-240-8
ISBN (EBOOK): 978-84-9823-241-5

58 páginas y 14 X 21,6

"Poesia do sussurro, mas de um sussurro feito de gritos abafados, linguagem de Josefa de Lima equilibra-se num permanente gume de protesto, sem que, todavia, resvale no lirismo protestatário, do mesmo modo que incessantemente avança pelos túneis do espanto, ainda que nunca tombando em abstractas formulações."

"(...) e de imagens que nos cativam pela tensão dos seus contrários, a contenção das suas elipses, a brusquidão com que deflagram, a penumbra em que se desvanecem."

"É uma poesia que perturba e destrói o habitual conformismo do leitor, obrigando-o, não raro, a pôr em causa a realidade do mundo em que vive ou, até mesmo, os legítimos fundamentos dessa realidade. Haverá missão mais alta para um poeta?"

PULSAÇÕES

De Josefa de Lima

WANCEULEN EDITORIAL
WANCEULEN POÉTICA

ISBN (PAPEL): 978-84-9993-152-5
ISBN (EBOOK): 978-84-9993-153-1

56 páginas y 14 X 21,6

Esta obra de Josefa de Lima eterniza-se no tempo e na paisagem, graças ao valor daquilo que constitui o fazer poético. Tal como nos diz em "Alma":

Um pássaro
Expande-se no espaço
Dilui-se no azul
Até ao infinito
 Esta liberdade chamada poesia

(e que tão bem se espelha no poema que dá título a este livro, "Pulsações") e que a retiram do "silêncio da noite" onde um "solitário" grilo "faz pulsar o tempo" e lhe aviva "a memória" e a "insónia" confere-lhe também um sabor de mágoa à existência.

Por isso os dias se sucedem "grávidos de luz" e se sobrepõe à "emergência do sonho" - por outras palavras e obedecendo a um dos mitemas edipianos, aquilo que perseguimos será aquilo
que nos há-de caçar.

Luísa Monteiro, Escritora

CADERNOS DE LISBOA

de Daniel García Florindo

WANCEULEN EDITORIAL
WANCEULEN POÉTICA

ISBN (PAPEL): 978-84-17964-63-4
ISBN (EBOOK): 978-84-17964-64-1

100 páginas y 14 X 21,6

Esta nova versão do segundo livro de Daniel García Florindo regressa ao seu espaço de inspiração, à cidade onde teve origem e a uma brilhante língua portuguesa pelas mãos do poeta Manuel Neto dos Santos.

Originalmente publicado em 2011, Cadernos de Lisboa é concebido durante a estada do autor na capital portuguesa de 2005 a 2007 decorrendo em quatro partes ou cadernos ligados pela sua diversidade poética. Assim, na primeira parte «Caderno de neve e caligrafia», o autor mergulha no fenómeno da criação poética. Em «Caderno de desenhos e retratos» dá-se um processo semelhante, mas a partir da recepção poética que não deixa de ser um tributo à poesia admirada de outros autores. A terceira parte «Nova formulação da memória» é aquela em que realmente reflete a experiência do poeta em Lisboa, cidade agora convertida símbolo capaz de conter um impressionismo sentimental expresso como um diário íntimo. Finalmente, em «A sombra dos corpos» reúne-se uma poesia amorável que desperta o espanto do amor que regenera o sujeito poético.

Em suma, Cadernos de Lisboa oferece-nos um conjunto de poemas reflexivos sobre a passagem do tempo e da memória, uma poética que alimenta uma experiência vital para construir uma biografia sentimental.

FLUIR

De Lidia Leticia Risso

WANCEULEN EDITORIAL
WANCEULEN POÉTICA

ISBN (PAPEL): 9788499938783
ISBN (EBOOK): 9788499938790

140 páginas y 14 X 21,6

El Fluir de una minúscula partícula que habita en mi humilde materia y que se expone en un escaparate de feria, donde cuelgan las miserias y los andrajos, las mariposas y los escarabajos, es como sentir, el Sol en cautiverio, como un Plenilunio, que se transforma en luces, que se traslucen en figuras que producen, mucha alegría y algunos miedos, es como un compendio, donde convergen diferentes sensaciones e ilusiones repletas de misterio.

Es armonía que se enamora del viento y se asocia a cofradías de muros de lamentos.

Son historias de dolor, de gloria y de poesía, donde se mencionan las batallas ganadas y perdidas, todas ellas urdidas, por el correr de los tiempos.

Para los que sufrieron y de ello aprendieron, para los que no saben y deseen leerlo, para todos aquéllos, que alguna vez me quisieron y para los otros, los que hicieron de mi vida, un verdadero infierno.

Agradezco a la vida, porque de todo ello, aprendí a discernir, a medir mis propios tiempos, mis preciosos momentos, esos que zigzaguearon, en complicidad con el viento.

Para los amores que marcaron mi vida y ahora están en el cielo: Papá Oscar, Mamá Leticia, para mis amadas mascotas Nahuel y Ayelén, y para los que aquí quedaron para compartir mi vida, mis hermanas queridas Delia y Mirta y mi luz de cada día, mi mascotita querida Ayum, que convierte mis días en alegrías, haciéndome olvidar de los tormentos.

CANCIONES A PIE DE CAMA (PARA UNA HIJA QUE DUERME)
De Pilar Domínguez Toscano

WANCEULEN EDITORIAL
WANCEULEN POÉTICA

ISBN (PAPEL): 9788499938806
ISBN (EBOOK): 9788499938813

60 páginas y 14 X 21,6

Este poemario convierte en palabra compartida la transformación del dolor en esperanza.

El dolor de una madre que ve a su hija debatirse entre la vida y la muerte, y su apuesta radical y definitiva por la vida en cualquiera de sus formas.

Se ofrecen estos poemas como compañeros de viaje para las personas que transitan esos duros territorios.

Para que no viajen solas.

Para que sientan el calor anunciado de un nuevo día.

Porque el amor, ante la muerte, tiene la última palabra.

SOBRAS (PARA REDES)

De Eladio Orta

**WANCEULEN EDITORIAL
WANCEULEN POÉTICA**

ISBN (PAPEL): 9788499939445
ISBN (EBOOK): 9788499939452

66 páginas y 14 X 21,6

Este librito que tenéis entre las manos es una pequeña cajita de recuerdos donde se guarda el botón que se zafó del abrigo una noche canalla, la carta sin remite que hablaba de cabezos azules y arena en los bolsillos del alma laica, el bolígrafo prehistórico que dormía placenteramente en las hendiduras del sofá y fue recuperado por obra de magia, la piedra pequeña de nácar que te regaló un sueño de luna llena en Rabat, el poema tonto que dabas por perdido y una mano cercana te lo mandó por correo, la inesperada dedicatoria que brota de la luz del fango sin previo aviso, la foto despampanantemente elegante de una novia en desfogue sombreril, un bolso de tela descolorido por el peso de la humedad, huellas de pájaros en el fango... cosas que ya sólo creía que existían en el recuerdo desgajado de la memoria... las pequeñas cosas que encontramos cuando hacemos una limpieza general y no estamos por la labor de que desaparezcan de nuestras vidas. Pequeños milagros que llevamos a cuestas y nos ayudan a seguir alerta.

RETAZOS

De Lidia Leticia Risso

WANCEULEN EDITORIAL
WANCEULEN POÉTICA

ISBN (PAPEL): 978-84-17964-61-0
ISBN (EBOOK): 978-84-17964-62-7

114 páginas y 14 X 21,6

Muchas veces, el correr de los años despedaza las esperanzas, mata los sueños, y no reconoce la alegría, que aunque esporádica, solía presentarse algunas veces. Entonces, aparece el fantasma de la vida, que nos dicta al oído el recuerdo vivo de aquellas ausencias, y de ese modo, podemos plasmar los "RETAZOS" que lejanos reaparecen, para hacernos llorar, para hacernos vibrar y para que volquemos la enseñanza del amor y del dolor y la repartamos entre la gente, a modo de enseñanza.

En consecuencia, podremos comprender, que también con el paso de los años, aprendemos otra forma de vivir, que es la de dar..., dar amor, comprensión, contención a aquellos seres que lo necesitan, y así vivir en paz con nuestro propio silencio.

HUELLAS

De Lidia Leticia Risso

WANCEULEN EDITORIAL
WANCEULEN POÉTICA

ISBN (PAPEL): 978-84-17964-59-7
ISBN (EBOOK): 978-84-17964-60-3

152 páginas y 14 X 21,6

Comienza el trabajo incesante de mis manos, mientras vuelan las palabras que no se detienen, por temor a perderse en algún camino inconcluso, que a ningún lugar conduce.

Continúo la ruta, para plasmar, justo a tiempo, las irresistibles historias de este, mi magistral Universo. Aquéllas que fueron bonitas, las gratuitas y de las otras, las que en forma inevitable, marcaron las "HUELLAS" de muchos soles y estrellas. Y un rumbo con alas, que aún rotas, por placer se despliegan.

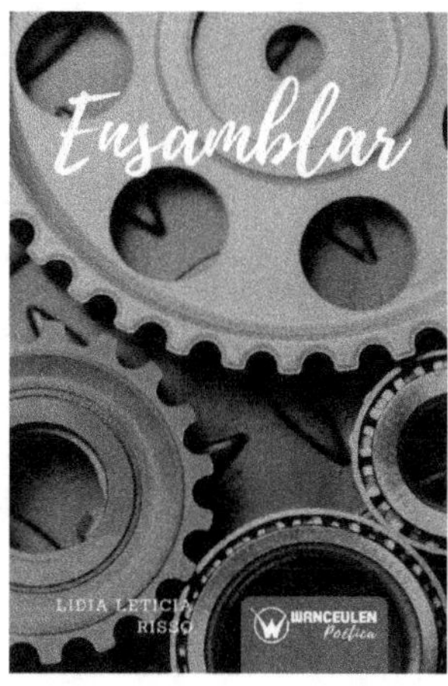

ENSAMBLAR

De Lidia Leticia Risso

WANCEULEN EDITORIAL
WANCEULEN POÉTICA

ISBN (PAPEL): 978-84-17964-57-3 ISBN (EBOOK): 978-84-17964-58-0

158 páginas y 14 X 21,6

Ensamblar, fusionarse con la vida misma, con la cotidianeidad, con un futuro sin remedio, inescrupuloso…, que nos propone: los misterios del sol, de la luna espumada, de las estrellas que deambulan diáfanas, cortejando a los meteoros, que se desprenden sonoros como un flash en su rauda embestida. Y ese reloj de arena que se filtra, que no frena y que gota a gota nos condena, por temor, a la llegada del todo inexorable, del imprevisto final.

El dolor aprieta sus dientes, cuando nuestras heridas calientes, lo paralizan, lo descolocan, pero aún así…, casi siempre gana esa pulsada y no deja de avanzar. Y la alegría, casi siempre indiferente, se desliza suavemente, aprendiendo a caminar. Diferentes emociones, convergen, confluyen… y lagunas de dudas, océanos de preguntas, se hacen presentes. Muchas veces renegamos de nuestra condición, pero lo que más deseamos, en definitiva, es: ser poseedores de un espíritu intachable para dar luchas incansables, en pos del amor y de la paz, dándole pelea a la adversidad, que nos provoca en forma constante y a veces nos hace flaquear.

LA ANDALUCÍA QUE EN ESTOS VERSOS
CLAMA

de Manuel Aníbal Álvarez

WANCEULEN EDITORIAL
WANCEULEN POÉTICA

ISBN (PAPEL): 978-84-17964-51-1
ISBN (EBOOK): 978-84-17964-52-8

144 páginas y 14 X 21,6

ESTE LIBRO, nacido para llenar un enorme vacío emocional, se fue pergeñando como consecuencia de una impotencia y una carencia, de un no poder tener lo que tener se desea.

El autor fue escribiendo cada uno de sus poemas cuando tras marcharse de su pueblo intentaba acomodarse a vivir en ese lugar extremo y extraño que llaman lejanía.

Los poemas que lo componen fueron engendrados cuando la distancia le separó de todo lo que le era querido.

Este libro es, pues, fruto de una necesidad provocada por el vacío interior que se produce en el corazón de la persona cuando debido a la emigración se ve forzada a desertar de todo cuento ama y desea.